Spuren im Herzen

2. Auflage 2015
2015 Copyright by Marion von Vlahovits
Illustrationen & Layout: Kristin Behrmann
ISBN 978-3-8391-3244-9
Herstellung und Verlag:
BoD - Books on Demand, Norderstedt

*Für meinem
Vater, dessen Spuren
mein Herz noch
immer prägen.*

Marion von Vlahovits

Spuren im Herzen

Spurensuche

Ein leeres Schneckenhaus
am Wegesrand,
die Vogelfeder,
die ich im Rasen fand,
Muscheln
vom fernen Meeresstrand –
Spuren des Lebens
in meiner Hand.

Ein Spaziergang mit dir
im Sonnenschein,
ein Abendessen
bei Mondenschein,
auch sie sind Spuren
prägen sich ein,
Spuren im Herzen
werden sie sein.

Für Papa

Voll Trauer denkt mein Herz an dich
und viele Fragen quälen mich:
Warum musst du dich so sehr plagen?
Warum kann man den Schmerz nicht lindern,
warum die Krankheit nicht verhindern?
Wieso musst du sie nun ertragen?
Ich stehe ratlos neben dir
und bange um dein Leben.
Zu kurz scheint mir die Zeit mit dir –
wie lang wirst du noch leben?

Voll Trauer denkt mein Herz an dich
und viele Zweifel quälen mich:
Du hast doch stets daran geglaubt,
dass man im Leben alles schafft
mit Stärke und mit Willenskraft.
Wer hat dir diese Kraft geraubt?
Ich stehe mutlos neben dir
und würd sie dir gern geben,
doch diese Kraft steckt nur in dir –
sie hält dich noch am Leben.

Voll Trauer denkt mein Herz an dich
und viele Ängste quälen mich:
Auch wenn ich dich oft lang nicht sah
und auch nicht immer ganz verstand
verbindet uns ein starkes Band.
Du bist und warst doch immer da.
Ich steh so hilflos neben dir
und kann dir nicht viel geben.
Nur meine Liebe schenk ich dir –
die deine schuf mein Leben.

Liebes, schwaches Häuflein Mensch

Liebes, schwaches Häuflein Mensch
niemand kann dein Leid ermessen,
deine Schmerzen fühlst nur du
und die Menschen, die dich lieben
schauen hilflos dabei zu.

Liebes, schwaches Häuflein Mensch
schmerzgeplagt, vom Tod gezeichnet
nimmst du dieses Schicksal an
und versuchst mit letzten Kräften
deine Würde zu bewahr'n.

Liebes, schwaches Häuflein Mensch
wenn die Kräfte dich verlassen
möge Gott dein Schicksal lenken,
dich in seine Obhut nehmen
und dir seinen Frieden schenken.

Eingemauert

Alte oft verkannte Ängste
lauern in geheimen Kammern
bauen um uns Mauern auf,
sperren uns dahinter ein.

Eingeschüchtert und verängstigt
glauben wir sie bieten Schutz,
lassen uns gefangen nehmen,
richten uns dahinter ein.

Hören so zu leben auf!

Fluss des Lebens

Eine Quelle entspringt,
bahnt sich sprudelnd den Weg,
fließt kraftvoll dem Ziele entgegen.
Durch Erde, durch Pflanzen,
sogar durch Gestein
kämpft sie sich beständig durchs Leben.
Mal folgt sie präzise,
gerade dem Weg,
um dann wilde Haken zu schlagen.
Mal plätschert sie leise,
fast zaghaft dahin,
um dann stürmisch weiter zu jagen.
Auf ihrer Reise
bleibt sie nicht allein,
sie muss sich mit andern verbünden.
So fließt sie dahin,
um schließlich als Strom
in die Weiten der Meere zu münden

 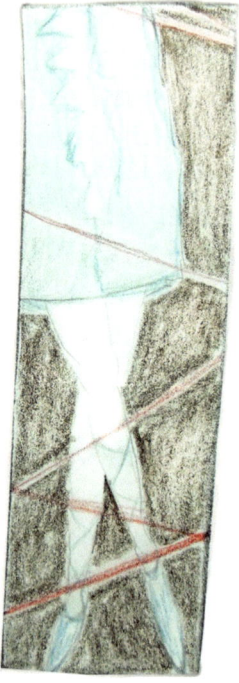 

Abschied

Ich nehme Abschied
und weiß nicht wie.
Ich spüre dich schwinden
und weiß du musst gehen.

Ich nehme Abschied
und weiß nicht wie.
Was soll ich noch sagen,
was kann ich noch tun?

Ich nehme Abschied
und weiß nicht wie.
Ich kann dich nicht retten,
drum lass ich dich los.

Ich nehme Abschied
und gebe dich frei.

Abschied

Die Spinne der Nacht

Die Spinne der Nacht
webt aus Träumen ein Netz
und lockt dich mit ihren Gesängen.
Ein Reigen aus Bildern
berauscht deinen Geist
vernebelt dir all deine Sinne.
Die Süße des Schlafs
spinnt dich vorsichtig ein
und Schwere erfasst deine Glieder.
So eingehüllt
in ihr klebriges Netz
kannst du ihr nun nicht mehr entkommen.
Die Spinne der Nacht
webt aus Träumen ihr Netz
und hält dich in ihnen gefangen.
Drum nimm dich in Acht
vor der Spinne der Nacht,
sonst bist du für immer verloren.

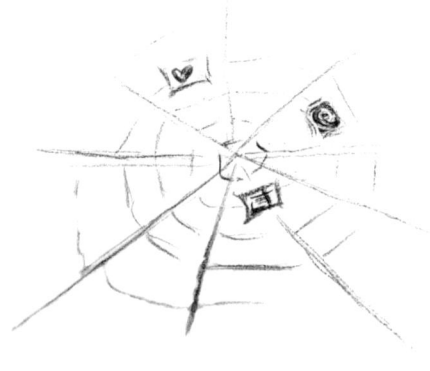

Grau und dunkel

Grau und dunkel wirkt die Welt
doch ein kleiner Sonnenstrahl,
der durchs Grau der Wolken bricht
schafft mit seinem hellen Licht,
dass sich so mit einem Mal
alle Dunkelheit erhellt.

Abendrot

Strahlend hell am Horizont
sinkt ein roter Feuerball
langsam auf die Erde zu.
Festlich geht der Tag zu Ende,
Welt versinkt im Dämmerlicht
und die Menschheit kommt zur Ruh!

Sintflut

Hinter einem Wall aus Worten
staun sich meine Tränen auf,
denn die Worte sind gewaltig,
türmen sich zu Mauern auf.

Hinter einem Wall aus Worten
lauert meine Angst darauf,
dass die Mauern nicht mehr halten.
Wer hält dann die Tränen auf?

Hinter einem Wall aus Worten
baut sich eine Welle auf;
Worte, die herausgebrochen
lösen eine Sintflut aus.

Stehaufmännchen

Manchmal
spüre ich des Lebens Last
und denke
sie erdrückt mich fast.
Doch wenn ich
fast am Boden liege
und beinah
keine Luft mehr kriege
steh' ich doch
immer wieder auf.
So hart's auch kommt:
Ich geb' nicht auf!

Stehaufmännchen

Hoffnung

Wenn ein Mensch am Abgrund steht,
nicht wissend wie es weitergeht,
braucht er etwas, das ihn hält
damit er nicht herunterfällt.

Wenn ein Mensch sein Ziel verliert,
nicht weiß wohin der Weg ihn führt,
braucht er etwas, das ihn lenkt
und ihm neue Hoffnung schenkt.

Wenn ein Mensch sich selber liebt,
weiß er, dass es Hoffnung gibt,
kann seinen Weg in schweren Zeiten
zur Not auch ganz allein beschreiten.

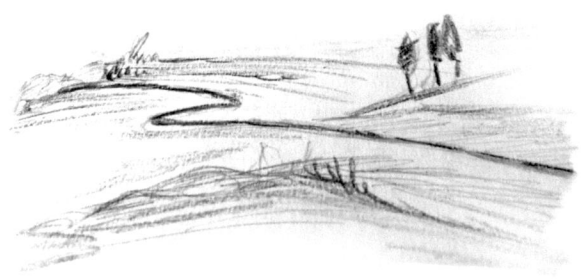

Manchmal

Manchmal
seh ich klar und deutlich
bis in meines Wesens Kern.
Spüre dann in meinem Innern
meines Lebens tiefen Sinn.

Manchmal
kenne ich mein Wesen
ahne dann mein wahres Ich.
Spüre meinen Platz im Leben,
fülle ihn mit Zuversicht.

Manchmal aber
fehlt es mir,
das Gespür für meinen Kern.
Die Konturen sind verschwommen,
kann das Zentrum nicht mehr sehn.
Such dann meinen Platz im Leben
und hab Angst mich zu verlier'n.

Der Tanz des Waldes

Grün in allen Farbnuancen
hüllt ihn ein sein neues Kleid
und im Glanz der Abendsonne
macht er sich zum Tanz bereit.
Majestätisch, glanzvoll schimmernd
neigt er huldvoll sein Gesicht
und die Kronen hoch erhoben
wiegen sich im Dämmerlicht
zu geheimnisvollen Klängen,
die für Menschen nicht gedacht.
Doch wer mit dem Herzen sieht,
spürt den Zauber dieser Nacht.

Der Tanz des Waldes

Schwere Last

Die Last, die du mir anvertraut
        ist ziemlich schwer zu tragen
und manchmal fühle ich
        mich unter ihr begraben.
Schon viele Male hievte ich
        den Mühlenstein zur Seite
und hab es bisher nicht geschafft,
        dass ich mich ganz befreite.

Die Worte, die aus deinem Mund
        sich bohrten in mein Herz
verfingen sich wie Widerhaken,
        verursachen dort Schmerz.
Sie hallen dort noch lange nach
        und klingen mir im Ohr.
Selbst wenn ich sie nicht hören will,
        sie dringen zu mir vor.

Schwere Last

Die Wahrheit, so wie du sie siehst
und wie du sie verkündest,
die stellt nur deine Wahrheit dar,
so wie du sie empfindest.
Die andere Seite, nie gehört,
kann ich auch nicht befragen.
Die Zweifel bleiben so bestehen,
ich kann sie nicht verjagen.

Der Same, den du ausgesät,
er wollte Wurzeln schlagen
und würde, wenn ich ihn nur ließ
auch bittere Früchte tragen.
Ich habe ihn im Keim erstickt
und lasse ihn nicht treiben,
doch ganz verschwinden wird er nicht –
ein Rest wird ewig bleiben.

Schwere Last

Tränen der Nacht

Tränen der Nacht
haben die Erde feucht gemacht
doch am Morgen,
wenn die Sonne erwacht
vertreibt ihr Strahlen
den Kummer der Nacht.
Sie streichelt über
die Erde ganz sacht,
trocknet mit Wärme
die Tränen der Nacht.

Tränen der Nacht
haben die Erde feucht gemacht
doch am Morgen,
wenn die Erde erwacht,
spürt sie
die lebensrettende Kraft,
nimmt in sich auf
den köstlichen Saft
stillt ihren Durst
mit den Tränen der Nacht.

Mit Kinderaugen

Zart gepudert sind die Wälder,
zugedeckt sind alle Felder,
alles ist mit Schnee bedeckt.
Wo ich gehe, wo ich stehe,
alles was ich heute sehe,
hab ich eben neu entdeckt.

Ich seh die Welt mit Kinderaugen,
kann an Wunder wieder glauben.
Seele, die sich hielt versteckt –
wo ich gehe, wo ich stehe,
wenn ich in mein Inneres sehe –
hab mich eben neu entdeckt.

Mit Kinderaugen

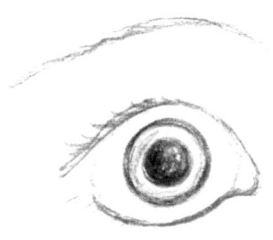

Worte

Worte sind nicht immer Freunde,
können täuschen und verdecken.
Hinter ihren schönen Klängen
kann die Wahrheit sich verstecken.

Worte sind nicht immer Freunde,
schaffen Abstand und Distanz.
Auch mit ihren warmen Klängen
füllen sie die Kluft nicht ganz.

Worte sind nicht immer Freunde,
können spitz wie Pfeile sein.
Dringen hinter sanften Klängen
schmerzhaft in die Seele ein.

Worte sind nicht immer Freunde,
können ein Gefängnis sein.
Hinter ihren weichen Klängen
halten sie die Seele klein.

Worte sind doch manchmal Freunde,
können eine Brücke sein,
können trösten, können streicheln,
können lieben und verzeihen.

Worte, die von Herzen kommen,
können solche Freunde sein.
Wenn wir solche Klänge hören,
fühlen wir uns nicht allein.

Seifenblasen – Lebensphasen

Schillernd bunt und farbenfroh,
wunderbar und sehr vergänglich
schweben sie so schwerelos
durch die Luft dem Licht entgegen.
Doch wenn wir sie fassen wollen
bricht die zarte Haut entzwei
und die Schönheit die wir sahen
ist mit einem Griff vorbei.

Auch das Glück erscheint mir so:
wunderbar und sehr vergänglich.
Unbeschwert und sorgenlos
lässt es unsre Seele schweben.
Doch wenn wir es halten wollen
ist das Herz nicht wirklich frei
und das Glück das wir empfanden
geht zu schnell an uns vorbei.

Wer jedoch das leichte Schweben
für den Augenblick genießt –
und die Freiheit seines Herzens
tief im Innern nie vergisst,
der braucht auch nichts festzuhalten,
kann sein Leben frei entfalten.

Phasen

Es gibt Phasen des Lachens und Phasen des Weinens,
Phasen des Planens und Phasen des Träumens,
Phasen des Handelns und Phasen des Denkens,
Phasen des Nehmens und Phasen des Schenkens.
Jede Phase braucht ihre Zeit,
jede hat ihre Notwendigkeit.
So wie die Nacht stets vollendet den Tag
entsteht erst im Wechsel der Lebensertrag
und was der Wille allein nicht vermag
fördert der Glaube viel leichter zutag.

Es gibt Phasen der Liebe und Phasen des Streits,
Phasen der Freude und Phasen des Leids,
Phasen der Ruhe und Phasen der Kraft,
Phasen der Schwäche und Phasen der Macht.
Jede Phase braucht ihre Zeit,
jede hat ihre Notwendigkeit.
So wie die Nacht stets vollendet den Tag
entsteht erst im Wechsel der Lebensertrag
und was der Wille allein nicht vermag
fördert die Hoffnung viel leichter zutag.

Es gibt Phasen der Zufriedenheit und Phasen voll Wut,
Phasen der Verzweiflung und Phasen voll Mut,
Phasen der Leidenschaft und Phasen voll Pflicht,
Phasen der Dunkelheit und Phasen voll Licht.
Jede Phase braucht ihre Zeit,
jede hat ihre Notwendigkeit.
So wie die Nacht stets vollendet den Tag
entsteht erst im Wechsel der Lebensertrag
und was der Wille allein nicht vermag
fördert die Liebe viel leichter zutag.

Glaube, Hoffnung und Liebe vereint
bezwingen gemeinsam den schlimmsten Feind,
lassen die Zweifel nicht länger bestehen,
helfen uns trotzdem nach vorne zu sehn,
geben dem Leben stets einen Sinn
und führen uns zu innerem Frieden hin.

Phasen

Wald

Grüner moosbedeckter Boden
dämpft die Schritte, macht sie weich.
Ich betrete still und staunend
dieses märchenhafte Reich.
Um mich wachen grüne Riesen,
hochgewachsen, alt und stumm.
Ihre Körper sind gewaltig,
voller Narben, rauh und krumm.
Diese großen Urgestalten
gab es schon vor langer Zeit.
Tief im Herzen dieses Waldes
weht ein Hauch von Ewigkeit.

Der kleine Rest

Der kleine Rest von Heiterkeit
inmitten aller Traurigkeit,
der sich in einem Lächeln zeigt
ermöglicht neue Freundlichkeit.

Der kleine Rest Gemeinsamkeit
inmitten aller Streitigkeit,
der sich in ein paar Worten zeigt
ermöglicht neue Einigkeit.

Der kleine Rest von Mutigkeit
inmitten aller Ängstlichkeit,
der sich in einer Handlung zeigt
ermöglicht neue Tapferkeit.

Der kleine Rest von Helligkeit
inmitten aller Dunkelheit,
der sich in einem Funkeln zeigt
ermöglicht neue Sicherheit.

Der kleine Rest von Freundlichkeit
inmitten aller Feindlichkeit,
der sich in einer Geste zeigt
ermöglicht neue Menschlichkeit.

Bei aller Hoffnungslosigkeit –
solange dieser Rest noch bleibt –
egal wie er sich zeigt,
bleibt immer eine Möglichkeit.

Der kleine Rest

Das Lied des Lebens

Die Saiten meiner Lebensharfe waren immer gut gestimmt
und das Lied, das sie mir spielte
war harmonisch, rein und klar.
Doch die Töne die ich hörte, waren immer vorbestimmt
und die Folge ihrer Klänge für mich sehr berechenbar.
Gut behütet und geborgen
lebte ich von heut auf morgen
und im Gleichklang meines Seins
fühlte ich mich mit ihr eins.

In dem Gleichklang meines Lebens
hatte sich mein Ich versteckt.
Doch die Harmonie der Harfe blieb nicht ewig so bestehen.
Neue Töne, andere Saiten wurden für mich aufgedeckt
und nach großen Dissonanzen
konnte ein neuer Klang entstehen.
Aufgeschreckt und durchgeschüttelt,
endlich wieder wachgerüttelt
kann ich nun die Wahrheit sehen:
Was sich ändert, bleibt bestehen.

Meine Insel

Tief im Innern meines Herzens
gut verborgen vor der Welt
liegt die Insel meiner Träume
wo die Seele Einkehr hält.
Meine Insel – meine Zuflucht,
die nur mir allein gehört.
Denn zu diesem Reich im Innern
wird der Zugang euch verwehrt.

Keine Karte dieser Erde
zeigt den Weg in dieses Reich,
doch wenn ich mich dorthin sehne
finde ich den Zugang gleich.
Kein Gepäck und keinen Ausweis,
auch kein Geld pack ich mir ein.
Von den Lasten meines Alltags
kann die Insel mich befreien.

Bin ich dann dort angekommen
werf ich alle Fesseln ab
löse mich von allen Ängsten
die ich angesammelt hab.
Denn auf dieser Zauberinsel
kehr ich wieder zu mir heim,
finde dort mein wahres Ich
und kann ganz ich selber sein.

Meine Insel

Am Morgen

Am Morgen, wenn der Tag erwacht,
spür ich neue Lebenskraft.

Dunkelheit verschwindet wieder,
Licht schwebt auf die Erde nieder.
Bäume, Blumen und das Gras,
die vom Morgentau noch nass,
erwachen sanft zu neuem Leben,
recken sich dem Licht entgegen.

Am Morgen, wenn der Tag erwacht,
spür ich neue Lebenskraft.

Der Klang des Lebens wird entfacht
verdrängt die Stille jeder Nacht.
Vögel singen ihre Lieder,
putzen eifrig ihr Gefieder,
zeigen ihre Lust am Leben
wenn sie durch die Lüfte schweben.

Am Morgen, wenn der Tag erwacht,
spür ich neue Lebenskraft.

Auch ich Mensch erwache sacht
verscheuch die Müdigkeit der Nacht.
Strecke langsam meine Glieder
spüre meinen Körper wieder –
freu mich auf den neuen Tag.
Was er mir wohl bringen mag?

Spuren im Herzen

Worte, die ein Mensch gesprochen,
Taten, die er ausgeführt,
manche scheinbar kleine Geste,
die uns tief im Innern rührt,
dass sind Spuren eines Lebens,
eingebrannt in unser Herz.

Wenn wir solche Spuren hüten
und auf diesen Pfaden wandeln
lebt der Mensch, der sie geprägt
weiter fort in unserm Handeln
und er bleibt, solang wir leben
aufbewahrt in unserm Herz.

Spuren im Herzen

Jetzt ist Jetzt

Jetzt ist jetzt
und heute ist heute
keiner weiß was morgen wird.

Lebe jetzt, lebe heute,
nutze diesen Tag zum Leben,
denn nur jetzt
und nur heute
wird dir dieser Tag begegnen.

Spür die Sonne,
fühl den Regen,
sehe beides als Geschenk.
Lach mit Freunden,
weine Tränen,
lass Gefühle einfach zu.

Lieb dich jetzt,
lieb dich heute,
nimm dich an so wie du bist.
Seh die Fehler,
seh die Stärken,
spür, dass du besonders bist.

Liebe jetzt
und liebe heute
nutze diesen Tag zum Lieben.
denn nur jetzt
und nur heute
wird dir dieser Tag begegnen.

Jetzt ist jetzt
und heute ist heute
keiner weiß was morgen wird.

Nie mehr

Nie mehr
deine Stimme hören,
nie mehr
seh ich dein Gesicht,
niemals
wieder mit dir streiten,
niemals
liest du dies Gedicht.
Niemand
kann die Lücke füllen,
dein Platz
im Leben bleibt nun leer.
Diese Wahrheit
zu verstehen
ist noch immer furchtbar schwer.
Immer
werd ich dich vermissen,
dennoch
bin ich nicht allein,
denn
in meinem Herzen
wirst du
immer bei mir sein.

Nie mehr

Dein Zimmer

Wenn die Wände sprechen könnten
wüssten sie so viel zu sagen,
denn in deinen schwersten Jahren,
hast du dich hier drin vergraben.
All dein Denken und dein Fühlen
hast du hier hinein getragen.
Ach, wenn die Wände sprechen könnten,
wüsste ich noch viel zu fragen.

Wie immer

Als wir
in deinen letzten Stunden
gemeinsam
von dir Abschied nahmen,
verharrte die Welt
für kurze Zeit
im Augenblick
und es gab
nur dieses Zimmer.

Als wir
noch fassungslos versuchten
die Endgültigkeit
deines Todes zu begreifen,
ging um uns herum
das Leben weiter
und die Erde
drehte sich wieder –
wie immer.

Wehrlos

Wie ein Sturzbach
in den Bergen
fließen haltlos
meine Tränen.
Widerstandslos,
völlig wehrlos
lass ich ihnen freien Lauf,
löse mich in ihnen auf.

Ohne Vorwarnung

Ohne Vorwarnung,
wie ein Angriff
aus dem Hinterhalt,
überfällt sie mich
die Trauer um dich.

Immer dann,
wenn ich spür,
dass ich weiterleb,
vermiss ich dich,
weine dann um dich.

Dünnhäutig

Meine Haut
ist dünn geworden,
meine Sinne
sind geschärft.
Düfte, Farben und auch Klänge
dringen tiefer in mein Herz.
Fortgeschwemmt
die harte Schale –
vieles
hielt sie von mir fern.
Nun empfind
ich alles stärker:
großes Glück
und starke Freude,
tiefe Trauer
und auch Schmerz.

Selbsttäuschung

Manche Menschen
verstecken sich
ein Leben lang.
Verkleiden sich,
maskieren sich,
fühlen niemals
öffentlich.
Meinen wohl
sie schützen sich.
Täuschen sich
und täuschen dich,
leugnen so
ihr wahres Ich.

Was du einst gesagt

Für vieles, was du einst gesagt
wollt ich dich ewig hassen
und manches hat sich eingebrannt
und Spuren hinterlassen.

Doch vieles, was du einst gesagt
hab ich schon längst vergessen.
Die Wut, die ich so stark empfand
sie hat mich nicht zerfressen.

Sehr vieles blieb auch ungesagt,
wir hüllten uns in Schweigen
und nur ganz selten konnten wir
das, was wir fühlten zeigen.

Doch alles, was mich einst verletzt
hab ich dir längst vergeben,
und vieles, was du einst gesagt
prägt heute noch mein Leben.

Aufgetaucht

Aus der Tiefe
meines Herzens
steigen Erinnerungen auf,
wie versunkene Schätze,
die seit ewigen Zeiten
auf dem Meeresboden
darauf gewartet haben
entdeckt zu werden.

Aus der Bahn geworfen

Sorglos
plätschert mein Leben dahin,
alles fügt sich zusammen
ergibt einen Sinn.

Arglos
schreite ich auf meinem Pfad,
er erscheint mir so sicher
geebnet und grad.

Furchtlos
legt meine Seele sich frei,
fühlt sich geborgen
und sicher dabei.

Plötzlich
zerbricht meine friedliche Welt,
das Bild bekommt Risse
der Sinn ist entstellt.

Ziellos
plätschert mein Leben dahin,
nichts passt mehr zusammen
es fehlt mir der Sinn.

Hilflos
irre ich suchend umher,
verlier mich im Nebel
weiß die Richtung nicht mehr.

Schutzlos
steht meine Seele nun da
sie stellt sich dem Leben
erkennt die Gefahr.

Aus der Bahn geworfen

Schneckenhaus

Manchmal
brauch ich Abstand,
Abstand
von dem Leben
um mich herum.
Dann zieh
ich mich zurück,
verkrieche mich,
verkrieche mich
in den hintersten Winkel
meines Schneckenhauses.
Verschließe mich
dem Leben
um mich herum,
besinne mich,
besinne mich
ganz auf mich.

Novemberschwere

Überall sind Nebelschwaden,
der Tag empfängt mich trist und grau.
Trüb und schwer sind die Gedanken,
sehn mich nach des Himmels Blau.

Klamm und schwer sind meine Kleider,
selbst mein Herz ist müd und leer.
Leichtigkeit ging mir verloren,
alles fällt mir heute schwer.

Nahende Winterzeit

Ein Blick auf die Uhr
sagt der Tag fängt schon an,
doch der Blick aus dem Fenster
weckt Zweifel daran.
Kein Licht, das den Morgen
sonst freundlicher macht,
da draußen herrscht heute
das Dunkel der Nacht.
Kein Zwitschern, kein Triller
dringt mehr an mein Ohr,
verschwunden ist längst
der gefiederte Chor.
Kein Blümchen verbreitet
noch lieblichen Duft,
das Nahen des Winters
liegt schon in der Luft.

Aus zweiter Hand

Die Bäume haben sich ausgezogen,
alle Blätter sind mit dem Wind geflogen.
Kahl und nackt steht der Wald nun da
und wartet geduldig aufs nächste Jahr.

Das alte Kleid hat ein Igel entdeckt
und sich zum Schlafen darunter versteckt.
So schützt nun das alte Blätterkleid
den schlafenden Igel zur Winterzeit.

Befreit

Manchmal
gelingt es mir
dann streife ich
den Alltag ab
wie ein Kleid
das mir zu eng
geworden ist,
mache mich frei,
frei von allen Sorgen,
frei von allen Zwängen,
lebe ganz
im Hier und Jetzt.
Manchmal
gelingt es mir
dann schüttle ich
den Alltag ab
wie ein Ballonfahrer
den Ballast,
steige hoch
und höher,
genieße den Höhenflug
schwebe für einen Augenblick
schwerelos
durch Zeit und Raum.

Segenswünsche

Mögen Engel dich begleiten
und an deiner Seite stehn,
dich beschützen und behüten,
alle Wege mit dir gehn.

Mögen Engel dich begleiten
und auf ihren Flügeln tragen,
dich beflügeln und beseelen,
stärken dich an allen Tagen.

Mögen Engel dich begleiten,
deine Sorgen mit dir teilen,
dich umarmen und umsorgen,
deine Seelenschmerzen heilen.

Ungezählte Male

Ungezählte Male
ward dieser Weg gegangen,
ungezählte Male
in längst vergangner Zeit.

Ungezählte Male
ward dieser Satz gesprochen,
ungezählte Male
in längst vergangner Zeit.

Ungezählte Male
ward dieses Lied gesungen,
ungezählte Male
in längst vergangner Zeit.

Ungezählte Male
ward diese Tat begangen,
ungezählte Male
in längst vergangner Zeit.

Ungezählte Male
ward dieser Duft gerochen,
ungezählte Male
in längst vergangner Zeit.

Ungezählte Male
hat dieser Ton geklungen,
ungezählte Male
in längst vergangner Zeit.

Kaum etwas
das ich heute denke
denk ich das erste Mal,
kaum etwas
das ich heute tue
tu ich das erste Mal.

Ich folge alten Spuren.
Ich sing ein altes Lied.
Ich bin in einer Kette
ein winzig kleines Glied.

Noch nach mir
werden viele
die gleichen Spuren gehen.
Folgen dann
meinen Spuren
auch wenn sie sie nicht sehen.

Winterschlaf

Die Welt trägt heut
ein Glitzerkleid.
Tausend kleine Edelsteine
funkeln hell im Sonnenschein.
Lauter kleine Eiskristalle
hüllen alles Dunkel ein.
Zugedeckt von weißem Flaum
ruhen all die alten Narben.
Erde schlummert sanft und rein.

Dein Engel

Wenn
Finsternis
dich ganz umschließt
und du
kein Fünkchen
Licht mehr siehst.
Wenn
dich dein
Alltag fast erdrückt,
kein
Leuchten mehr
dein Antlitz schmückt,
dann wünsch
ich dir
in dunkler Nacht,
dass stets
dein Engel
bei dir wacht
und dich
in deinem
Schmerz erreicht
damit
das Dunkel
von dir weicht.

Wenn
Kummer
dir die Hoffnung nimmt,
die Welt
dich nur noch
traurig stimmt.
Wenn
dich die Trauer
fast erstickt
kein
Lächeln mehr
dein Antlitz schmückt,
dann wünsch
ich dir
in dunkler Nacht,
dass stets
dein Engel
bei dir wacht
und dich
mit seinen
Flügeln streift
damit
die Trauer
von dir weicht.

Zeit

Zeitraum

Raum

Zeitraum

endlich Zeit
endlich Raum
Auszeit

endlos Zeit
zeitloser Raum
Traumzeit

traumlose Zeit
endloser Raum
Endzeit

Zeitraum

Wollknäuel

Eine Seele
wird geboren
klar und rein scheint ihr Licht
doch der Faden
des Lebens
umhüllt ihr Gesicht.
Immer
dichter und enger
spinnt das Leben sie ein
verpackt
und verschnürt so
den himmlischen Schein.
Doch im Herzen
des Wollknäuels
bleibt das Leuchten bestehen
selbst von außen
ist´s für manche
noch immer zu sehen.
Am Ende
des Fadens
ist das Leben vollbracht
das Licht
sprengt von innen
die Fäden der Macht.
Das Licht
dieser Seele
erhellt nun die Welt
scheint als
strahlender Stern
hoch am Himmelszelt.

Wollknäuel

Erbgut

Manchmal
fühle ich mich
dir so nah
spüre deutlich
deine Spuren
in mir
in meinem Tun
in meinem Denken
in meinem Sein.
Entdecke
vieles
von dir
in mir.

Kurze Rast

Oben auf dem höchsten Ast
macht ein dicker Vogel Rast,
dreht den Kopf stolz hin und her
und genießt die Aussicht sehr.
Thront dort oben ganz allein
wärmt sich auf im Sonnenschein.
Ein zweiter setzt sich bei ihm nieder,
schwuppdiwupp da fliegt er wieder.

Blickwinkel

Wir schauen
in die gleiche Richtung,
wir lauschen
der gleichen Melodie

und dennoch

was ich sehe,
sehe ich
mit meinen Augen
was ich höre,
höre ich
mit meinen Ohren
was ich fühle,
fühle ich
mit meinem Herz

aber manchmal
sehen wir
dasselbe Bild
hören wir
dasselbe Lied
fühlen wir
denselben Schmerz.

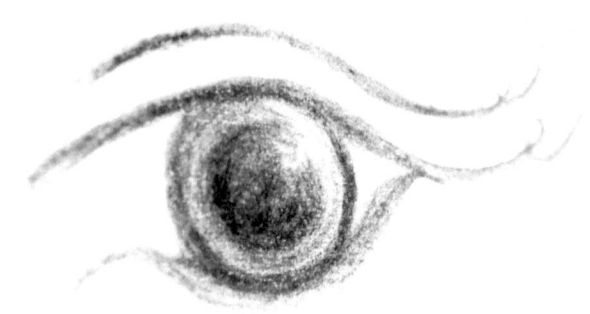

Lebenslust

Lebensfrust

Lebenslüge

Lebensmut

Lebenslust

L achende Kinder
E robern das Heu
B algen herum
E ntdecken sich neu
N ecken mit Halmen
S ind ohne Scheu
L assen sich fallen
U nd singen dabei
S pringen vom Ballen
T oben sich frei

Lebensfrust

L ähmende Ängste
E rgreifen mein Herz
B ohrende Fragen
E rsticke im Schmerz
N acht ohne Ende
S enkt sich herab
F alle ins Leere
R uhe im Grab
U m mich nur
S tille -
T otenstille

Lebenslüge

L eblose Larve
E chte Gefühle
B egraben
E iskalte Kühle
N ur alles zum
S chein
L autlose Tränen
U m nicht zu schreien
E insame Seele
G ibt sich geschlagen
E rbärmliches Sein

Lebensmut

L erne wieder lachen
E ntdecke ein Ziel
B eginne von neuem
E rhoffe mir viel
N icht meine Ängste
S ollen mich lenken
M utig will ich vorwärts gehen
U nd am Ende meines Weges soll das Wörtchen
T rotzdem stehen.

Inhaltsverzeichnis

Spuren im
Herzen